BEI GRIN MACHT SICH IHR WISSEN BEZAHLT

- Wir veröffentlichen Ihre Hausarbeit, Bachelor- und Masterarbeit

- Ihr eigenes eBook und Buch - weltweit in allen wichtigen Shops

- Verdienen Sie an jedem Verkauf

Jetzt bei www.GRIN.com hochladen und kostenlos publizieren

Thomas Wetzlmaier

Verteilte Data Warehouses

GRIN Verlag

Bibliografische Information der Deutschen Nationalbibliothek:

Die Deutsche Bibliothek verzeichnet diese Publikation in der Deutschen National-
bibliografie; detaillierte bibliografische Daten sind im Internet über http://dnb.d-
nb.de/ abrufbar.

Dieses Werk sowie alle darin enthaltenen einzelnen Beiträge und Abbildungen
sind urheberrechtlich geschützt. Jede Verwertung, die nicht ausdrücklich vom
Urheberrechtsschutz zugelassen ist, bedarf der vorherigen Zustimmung des Verla-
ges. Das gilt insbesondere für Vervielfältigungen, Bearbeitungen, Übersetzungen,
Mikroverfilmungen, Auswertungen durch Datenbanken und für die Einspeicherung
und Verarbeitung in elektronische Systeme. Alle Rechte, auch die des auszugsweisen
Nachdrucks, der fotomechanischen Wiedergabe (einschließlich Mikrokopie) sowie
der Auswertung durch Datenbanken oder ähnliche Einrichtungen, vorbehalten.

Impressum:

Copyright © 2003 GRIN Verlag GmbH
Druck und Bindung: Books on Demand GmbH, Norderstedt Germany
ISBN: 978-3-638-65644-3

Dieses Buch bei GRIN:

http://www.grin.com/de/e-book/42069/verteilte-data-warehouses

GRIN - Your knowledge has value

Der GRIN Verlag publiziert seit 1998 wissenschaftliche Arbeiten von Studenten, Hochschullehrern und anderen Akademikern als eBook und gedrucktes Buch. Die Verlagswebsite www.grin.com ist die ideale Plattform zur Veröffentlichung von Hausarbeiten, Abschlussarbeiten, wissenschaftlichen Aufsätzen, Dissertationen und Fachbüchern.

Besuchen Sie uns im Internet:

http://www.grin.com/

http://www.facebook.com/grincom

http://www.twitter.com/grin_com

SS 2003

Data Warehousing & Data Mining Seminar

durchgeführt am
Institut für Data & Knowledge Engineering
der Johannes Kepler Universität Linz

Verteilte Data Warehouses

Thomas Wetzlmaier

Inhaltsverzeichnis

1   Einleitung und Motivation

1.1 Data Warehouses

Um langfristige Entscheidungen treffen zu können, muss das Management einer Organisation große Mengen an Daten verarbeiten, die üblicherweise in relationalen Datenbanken (RDBMS) gespeichert sind und SQL als Abfragesprache benutzen. Operative Datenbanken unterstützen diesen Prozess der Entscheidungsfindung allerdings nur ungenügend.

"A Data Warehouse is a subject-oriented, integrated, time variant, and non-volatile collection of Data in support of managements Decision support process"[1]

Definition 1: Data Warehouse von W.H. Inmon

Ein Data Warehouse soll diese Unzulänglichkeiten der operativen Datenhaltung beheben. Es wird daher auch als Decision Support System (DSS) bezeichnet. Die Eigenschaften eines Data Warehouses sind[2]:

- Die Daten sind von der operativen Datenhaltung getrennt
- Das Data Warehouse kann eigene Datenstrukturen aufweisen
- Ein Data Warehouse ist kein Produkt sondern ein Informationssystem
- Ein Data Warehouse ist keine Schnittstelle zwischen operativen Datenbanken
- Ein Data Warehouse ist kein Replikat einer operativen Datenbank

Tabelle 1 zeigt die Unterschiede zwischen einem Data Warehouses und einer operativen Datenbank.

Data Warehouse	Operative Datenbank
themenorientiert	anwendungsorientiert
integriert	teilweise integriert
nicht veränderbar	fortlaufend aktualisiert
historische Daten	nur gegenwärtige Daten
Ad hoc Abfragen	vorhersehbare Abfragen

Tabelle 1: Vergleich Data Warehouse mit einer operativen Datenbank[3]

Zur Findung von strategischen Entscheidungen werden die Daten aus herkömmlichen Datenquellen herausgeholt, transformiert, bereinigt, aggregiert und schließlich redundant im Data Warehouse abgelegt. Abbildung 1 verdeutlicht diesen Prozess, der in regelmäßigen Abständen durchgeführt wird, um die Aktualität der Daten zu gewährleisten.

---

[1] PR03, Einführung, Folie 6
[2] JO98, Seite 42f
[3] IBM98, Seite 40

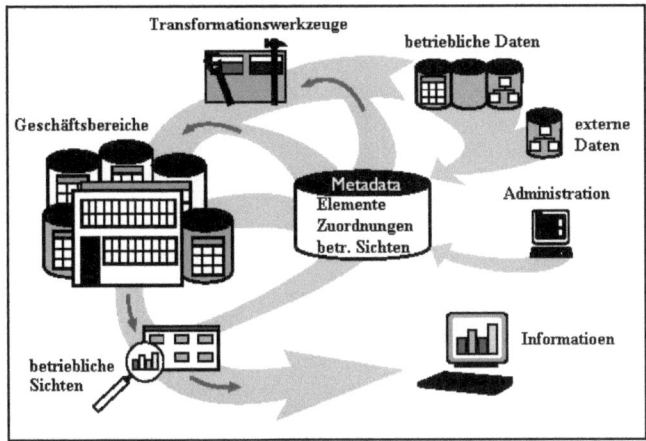

Abbildung 1: Transformation von Daten in Information[4]

Nach einer Übersicht über die existierenden Data Warehouse Topologien in Abschnitt 2 folgt eine kurze Einführung in den Entwurf multidimensionaler Datenstrukturen (Abschnitt 3). In Abschnitt 4 behandelt komplexe OLAP Abfragen anhand des MD-Join Operators. Weiters werden verschiedene relationale Operatoren in Verbindung mit dem MD-Join und die verteilte Auswertung von MD-Joins erläutert. Anschließend werden einige Reduktionsalgorithmen zur Optimierung verteilter OLAP Abfragen erklärt (Abschnitt 5). In Abschnitt 6 folgt die Realisierung des MD-Joins durch Abfragesprachen auf Basis von Standard SQL und EMF-SQL (Extended Multi-Feature SQL). Letzteres bietet einige Vorteile in der Formulierung von Verschachtelten Aggregaten. Eine Zusammenfassung dieser Arbeit enthält Abschnitt 7.

1.2 Verteilte Data Warehouses

Da die Unternehmensdaten nicht zentral an einem bestimmten Standort vorliegen bzw. nicht zentral gesammelt werden können, sind verteilte Architekturen erforderlich. Für Data Warehouses ist es zweckmäßig die Daten am Ort der Entstehung aus z.B. unterschiedlichen, teilweise heterogenen Informationsquellen zu integrieren. Die entsprechenden Architekturen erläutert der folgende Abschnitt.

---

[4] IBM98, Seite 41

2   Data Warehouse Topologien[5]

2.1   Abgrenzung von Data Warehouses und Data Marts

Ein Data Mart ist jener Teil eines Data Warehouses, der die Daten zu einem bestimmten Gegenstand bzw. Thema enthält. Meist handelt es sich dabei um einen speziellen Problembereich (wie z.B. Marketinganalysen) den ein Data Mart abdeckt. Die Daten kommen hierfür aus verschiedenen Datenquellen.[6]

2.2   Topologien

2.2.1   Zentrales Data Warehouse

Die Daten werden an zentraler Stelle in *einer* Datenbank gespeichert. Es gibt nur *ein* Datenmodell, das für das ganze Unternehmen gilt. Vorteile dieser Art der Datenhaltung sind die zentrale Verwaltung und die hohe Skalierbarkeit des Data Warehouses.

2.2.2   Data Warehouse und Data Marts

Data Marts erlauben im Gegensatz zum Data Warehouse eine engere Sicht auf die Daten. Meist handelt es sich dabei um einen bestimmten Themenbereich, eine Unternehmensfunktion oder eine einzelnes Anwendungsprogramm, den ein Data Mart abdeckt. Das Data Warehouse vereinigt dabei die Data Marts zu einer logischen Einheit. Den genauen Sachverhalt erläutert Abbildung 2. Mit *Online Analytical Processing* (OLAP) unterstützen Data Warehouses sowie Data Marts erweiterte Analysefunktionen, welche eine logische, mehrdimensionale, hierarchische Sicht auf Daten (z.B. Datenwürfel) zulässt. Anwendungsgebiete sind z.B. das Erstellen von Vorhersagen, Erkennen von Trends und weitere komplexe Analysen.[7]

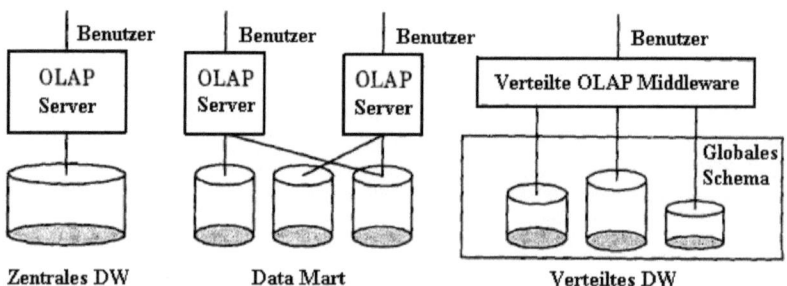

Abbildung 2: Data Warehouse Topologien[8]

---

[5] IBM98, Seite 41
[6] BCCFP01, Seite 453
[7] JO98, Seite 47
[8] ZZTH00, Seite 2

2.2.3   Verteiltes oder föderiertes Data Warehouse

Kennzeichnend für Verteilte Data Warehouses ist, dass sie über Netzwerke verbunden sind, welche die verteilte Verarbeitung von Anfragen bzw. Analysen ermöglichen. Dabei spielt es keine Rolle, ob mehrere einzelne Data Warehouses im Bottom-Up Ansatz zu einem logischen Data Warehouse integriert werden (wenn z.b. zwei Unternehmen fusionieren), oder ob ein Data Warehouse aus physisch verteilten Data Warehouse bzw. Data Marts besteht (Top-Down Ansatz). Letzterer ist zweckmäßig, wenn die Verteilung des Data Warehouses auf mehrere Unternehmensstandorte erfolgen soll. Hier steht also die Integration von Abteilungs-Data-Marts zu einem globalen Schema im Vordergrund. Weitere Gründe für die Verteilung Data Warehouses können Lastverteilung, höhere Skalierbarkeit und höhere Verfügbarkeit der Daten sein.[9] Beim physischen Entwurf eines solchen Data Warehouses sind die Kosten und der Durchsatz des Netzwerkes sowie die Verteilung bzw. Fragmentierung der Daten auf die einzelnen Rechnersysteme von besonderer Bedeutung. Die Fragmentierung von Relationen behandelt z.b. [DATE00] ausführlich. Speziell auf verteilte Data Warehouses geht [NB99] ein.

2.2.4   Hierarchisch verteiltes Data Warehouse[10]

Im Gegensatz zum Föderierten Data Warehouse ist diese Topologie hierarchisch organisiert. Dieser Ansatz ist vor allem für landesweite Unternehmen oder Länder übergreifende Konzerne gedacht. Hierbei kann die Analyse der Daten auf verschiedenen Hierarchiestufen angefangen von einer Abteilung bis zum gesamten Konzern erfolgen. Da der Schwerpunkt der Analyse auf den Daten in unmittelbarer Umgebung zum Standort liegt, d.h. die Bezirksleitung greift auf die Bezirksdaten - die Konzernleitung auf die Daten der höchsten Hierarchiestufe usw. zu, ist dieser Ansatz gegenüber den bisher gezeigten am zweckmäßigsten. Ausgehend von den Data-Marts in den Filialen über die Data Warehouses in den Zwischenschichten bis zum konzernweiten Data Warehouse entsteht diese Topologie im Bottom-Up Ansatz. Ziel ist es, die jeweils darunter liegenden Data Warehouses in eine globale Sicht bzw. ein globales Schema zu integrieren.

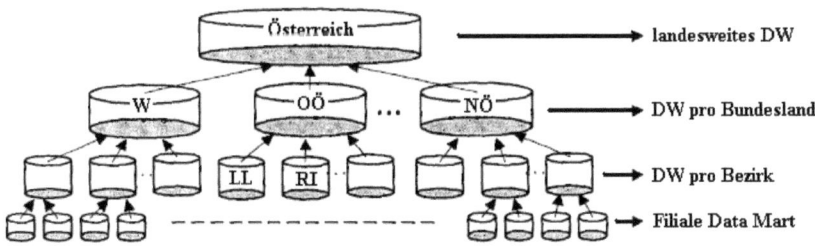

Abbildung 3: Hierarchisch verteiltes Data Warehouse

2.3   Gegenüberstellung der Topologien

Tabelle 2 zeigt in einer Gegenüberstellung der vorgestellten Data Warehouses Topologien die jeweiligen Vor- bzw. Nachteile in den einzelnen Merkmalen.

---

[9] CD97
[10] ZZTH00, Seite 2 f

Merkmal	Zentrales DW	Verteiltes DW	Hierarchisch v. DW
Verteilung	gering	mittel (flach)	hoch
Abfragen	einfach	komplex	mittel
Übertragungskosten	gering	hoch	mittel
Wartung	schwierig	mittel	einfach

Tabelle 2: Gegenüberstellung der Topologien

In Abhängigkeit von der vorliegenden Problemstellung ist die jeweils zweckmäßigste Architektur zu wählen. Bereits in der Designphase ist auf die Skalierbarkeit Rücksicht zu nehmen, da Unternehmen wachsen und möglicherweise mit anderen Unternehmen fusionieren.

3 Entwurf des Data Warehouses

Das Hauptmerkmal von OLAP ist die mehrdimensionale Sicht auf die Daten. Konzeptuell wird durch das *Dimensional Fact Model* die klassische Datenmodellierung um multidimensionale Aspekte erweitert.

3.1 Dimensional Fact Model

Im Dimensional Fact Model sind folgende Begriffe relevant:

- **Fakten (facts):** Menge von Kennzahlen, die mit den Dimensionen in Beziehung stehen
- **Kennzahlen (measures):** Kernpunkt der Analyse, wie z.b. Umsätze, Verkäufe
- **Dimensionen (dimensions):** Die Analyse der Kennzahlen erfolgt im Kontext der Dimensionen, wie z.b. Produkt, Datum, Filiale
- **Hierarchien (hierarchies)** von Dimensionen: Zum Verändern der Aggregationsstufe (Granularität) der Analyse, wie z.b. Filiale – Stadt – Land

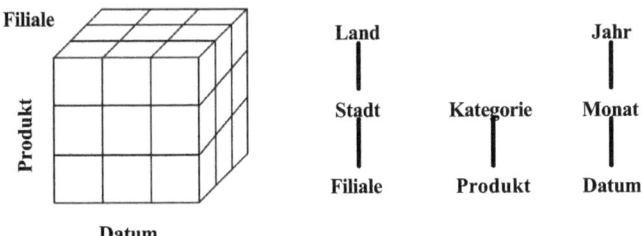

Abbildung 4: Dimensionen und Hierarchien[11]

3.2 Beispielszenario

Für alle nachfolgenden Algorithmen soll folgende Relation als Beispiel dienen, die Verkäufe enthält. In weiterer Folge werden Tupel mit Nr. = *n* als Tupel *n* bezeichnet.

Nr.	Produkt	Filiale	Datum	Menge	Preis
(1)	1	1	31.03.2003	1	6
(2)	2	3	01.04.2003	4	3
(3)	3	2	02.04.2003	2	5
(4)	2	2	03.04.2003	1	9
(5)	3	1	31.03.2003	1	1
(6)	1	3	02.04.2003	6	5
(7)	3	2	01.04.2003	3	11
(8)	3	1	03.04.2003	1	13
(9)	2	3	31.03.2003	3	4
(10)	1	3	02.04.2003	1	7

Relation 1: Verkäufe

---

[11] PR03: Konzeptueller Entwurf, Folie 3

4 Komplexe OLAP Abfragen

OLAP ermöglicht die Analyse der im Data Warehouse angesammelten Daten unter verschiedenen Blickwinkeln. Mittels OLAP Werkzeugen können Abfragen interaktiv an das Data Warehouse gestellt werden. OLAP Abfragen verwenden grundsätzlich Gruppierungen (*GROUP BY*) und Aggregatfunktionen wie *SUM, AVG, MIN* und *MAX* um nur die wichtigsten zu nennen. Dabei passiert es häufig, dass die Gruppierungen für das gewünschte Ergebnis schwierig zu formulieren sind. Ein Beispiel soll dies verdeutlichen.

Beispiel 1: Verschiedene Aggregationsebenen

Aus einer Verkaufsrelation soll für alle möglichen Kombinationen aus Produkt und Filiale der Umsatz ausgegeben werden. Es sind 2^n = 4 Abfragen nötig, wobei n die Zahl der Gruppierungsttribute ist. Dies ergibt sich daraus, dass jedes Gruppierungsattribut in einer Teilanfrage entweder berücksichtigt wird oder nicht (= 2 mögliche Zustände). Die Vereinigung der Einzelergebnisse bildet das Gesamtergebnis (Relation 2).[12]

Abf.Nr.	SQL-Abfrage
1	SELECT Produkt, Filiale, SUM(Preis*Menge) FROM verkaufe GROUP BY Produkt, Filiale
2	SELECT Produkt, *NULL*, SUM(Preis*Menge) FROM verkaufe GROUP BY Produkt
3	SELECT *NULL*, Filiale, SUM(Preis*Menge) FROM verkaufe GROUP BY Filiale
4	SELECT *NULL*, *NULL*, SUM(Preis*Menge) FROM verkaufe

Tabelle 3: SQL Abfragen

Abf.Nr.	Produkt	Filiale	SUM(Preis*Menge)
1	1	1	6
1	1	3	37
2	1		43
1	2	2	9
1	2	3	24
2	2		33
1	3	1	14
1	3	2	43
2	3		57
3		1	20
3		2	52
3		3	61
4			133

Relation 2: Kombinationen von Produkt und Filiale

---

[12] RSC98, Seite 267

Leere Felder in Produkt und/oder Filiale entsprechen der ALL-Ebene. Welche Abfrage welches Ergebnis liefert ist in der Spalte *Abf.Nr.* ersichtlich.

Noch komplexer wird es, falls Aggregate verschachtelt vorkommen. In diesem Fall entstehen Abfragen die kaum noch zu verstehen und daher schwer wartbar bzw. optimierbar sind. Einen Lösungsansatz für diese Probleme verspricht der MD-Join, dem die strikte Trennung von Gruppen und Aggregaten zugrunde liegt.

4.1 MD-Join Operator[13]

Durch die strikte Trennung von Gruppen und Aggregaten ermöglicht der MD-Join eine sehr feine Abstimmung von beiden bei der Formulierung von Abfragen. Dieser Vorteil kommt besonders gut zum Tragen, wenn nur ganz bestimmte Kombinationen von Gruppen (z.b. nur Filiale 1 und 3) oder benutzerdefinierte Aggregate (z.b. das Produkt, welches in den 10 vorhergehenden Tagen am häufigsten pro Filiale verkauft wurde) berechnet werden sollen.

Der MD-Join geht von zwei Relationen, der Bezugswerte-Relation (base values relation) und der Detailrelation (detail relation), aus. Die Bezugswerte (= Gruppen) bestimmen die Anzahl der Tupel in der Ergebnistabelle. Aus der Detailrelation werden die Aggregate berechnet.

Seien $B(\mathbf{B})$ und $R(\mathbf{R})$ Relationen, θ eine Bedingung, die sich auf Attribute in $\mathbf{B}$ und $\mathbf{R}$ bezieht, und l eine Liste von Aggregatfunktionen $(f_1, f_2, ..., f_n)$ über die Attribute c_1, c_2, ..., c_n in $\mathbf{R}$. Der MD-Join, $MD((, R, B, ,), l, \theta)$, entspricht einer Relation mit dem Schema $(\mathbf{B},$ $f_1\_R\_c_1, ..., f_n\_R\_c_n)$. Jedes Tupel $b \in B$ gehört zu einem Ergebnistupel e, sodass gilt

- $e[A] = b[A]$, für jedes Attribute $A \in \mathbf{B}$
- für jedes Tupel b in Relation B sei $RNG(b, R, \theta) =_{\text{def}} \{r \mid r \in R \wedge \theta(b,r)\}$ erfüllt, was bedeutet, dass für die Menge von Tupeln in R die Bedingung θ in Bezug auf b erfüllt ist (z.B. $RNG(b, R, b.A = R.B)$ bedeutet, dass jene Tupel in R zum Ergebnis gehören, bei denen der B-Wert dem A-Wert von b entsprechen). Der Wert des Attributs $f_i\_R\_c_i$ von Tupel e ist gegeben durch $e[f_i\_R\_c_i]$ $= f_i\{\{t[c_i] \mid t \in RNG(b,R,\theta)\}\}$, wobei $\{\{ ...\}\}$ eine mehrdimensionale Menge andeutet.
- B wird als Bezugswerte-Relation und R als Detailrelation bezeichnet

Definition 2: MD-Join

$$MD(B, R, l, \theta) = \Psi_b^{f_1(R.c_1),...,f_n(R.c_n)} (B \bowtie_\theta R) \cup ((B - \pi_b(B \bowtie_\theta R)) \times N_l)$$

Satz 1: MD-Join in relationaler Algebra

Optisch lässt sich der MD-Join in relationaler Algebra, wie in Abbildung 5 gezeigt, in vier Quadranten einteilen.

---

[13] CAJK01

Bezugswerte, die aufgrund der Bedingung θ in der Detailrelation enthalten sind $(B \bowtie_\theta R)$	Aggregatfunktionen, angewendet auf die Detailrelation $(\Psi_b^{f_1(R.c_1),\ldots,f_n(R.c_n)}(\ldots))$
Bezugswerte, die aufgrund der Bedingung θ nicht in der Detailrelation enthalten sind $(B - \pi_b(B \bowtie_\theta R))$	Initialwerte der Aggregatfunktionen (N_I)

Abbildung 5: Optische Darstellung der Auswertung des MD-Joins

Verbal lässt sich der MD-Joins in relationaler Algebra folgendermaßen beschrieben. $(B \bowtie_\theta R)$ liefert den Join der Bezugswerte-Relation mit der Detailrelation über die Bedingung θ. Der erste Teil $\Psi_b^{f_1(R.c_1),\ldots,f_n(R.c_n)}(\ldots)$ (Ψ_b^f stellt den Aggregationsoperator[14] dar) des Gesamtausdrucks berechnet die Aggregate über die Attribute c_n aus R. Das Schema der Aggregation entspricht dem Ergebnisschema, es enthält also alle Attribute aus B inklusive der Aggregationsfunktionen. Der hintere Teil $(B - \pi_b(B \bowtie_\theta R))$ liefert jene Tupel aus B, die beim ersten Join nicht enthalten sind. N_I ist eine Relation mit einem Tupel, welches die Initialwerte der Aggregationsfunktionen enthält (z.b. 0 bei SUM und COUNT oder *NULL* bei AVG). Über das kartesische Produkt werden beide Relationen zusammengefügt. Das Schema entspricht wiederum dem Ergebnisschema, also allen Attributen aus B inklusive den Initialwerten der Aggregationsfunktionen. Schließlich entspricht die Vereinigung beider Teilrelationen dem MD-Join. Im Endergebnis sind alle Tupel aus B enthalten. Es handelt sich daher um einen Outer-Join.

Folgender Algorithmus ermöglicht die vereinfachte Auswertung des MD-Joins für algebraische und distributive Aggregatfunktionen wie AVG, COUNT, SUM, usw. Die einzelnen Arbeitsschritte sind durchnummeriert.

```
(1)   Durchsuche B. Für alle Tupel b in B {
(2)        für alle Zeilen r in R prüfe, ob die Bedingung θ in Bezug auf
           r und b erfüllt ist
(3)        wenn ja, füge b dem Ergebnis hinzu und berechne die
           entsprechenden Aggregate
      }
```

Algorithmus 1: Auswertung des MD-Joins

Beispiel 2: Kombinationen aus Produkt und Filiale

Beispiel 1 soll mit allen Kombinationen aus Produkt und Filiale mittels MD-Join ausgewertet werden. Dazu ist Algorithmus 1 zu verwenden. Die Bezugswerte-Relation enthält die gewünschten Gruppen.

---

[14] PR03, Anfragesprachen, Folie 22 ff

$E = MD(B, R, SUM(Menge*Preis), \theta)$
θ : B.Produkt = R.Produkt AND B.Filiale = R.Filiale

Nr.	Produkt	Filiale
(1)	1	1
(2)	1	3
(3)	1	
(4)	2	2
(5)	2	3
(6)	2	
(7)	3	1
(8)	3	2
(9)	3	
...	...	...

Relation 3: Bezugswerte (B)

Nr.	Produkt	Filiale	Datum	Menge	Preis
(1)	1	1	31.03.2003	1	6
(2)	2	3	01.04.2003	4	3
(3)	3	2	02.04.2003	2	5
(4)	2	2	03.04.2003	1	9
(5)	3	1	31.03.2003	1	1
(6)	1	3	02.04.2003	6	5
(7)	3	2	01.04.2003	3	11
(8)	3	1	03.04.2003	1	13
(9)	2	3	31.03.2003	3	4
(10)	1	3	02.04.2003	1	7

Relation 4: Verkäufe (R)

Arbeitsschritt 1 besteht aus dem Durchlaufen der Bezugswerte-Relation und dem Wiederholen der Arbeitsschritte 2 und 3. Die Arbeitsschritte 2 und 3 werden anhand von Tupel 2 (*b*) von *B* demonstriert.

Arbeitsschritt 2: Für alle Zeilen *r* in *R* prüfe, ob die Bedingung θ in Bezug auf *r* und *b* erfüllt ist.

Arbeitsschritt 3: Bedingung θ (B.Produkt = R.Produkt AND B.Filiale = R.Filiale) ist für Tupel 6 und 10 von *R* erfüllt. Tupel *b* wird dem Ergebnis hinzugefügt und das Aggregat $SUM(Preis*Menge) = (6 * 5 + 1 * 7) = 37$ berechnet.

Nr.	Produkt	Filiale	SUM(Preis*Menge)
...	...	...	...
(2)	1	3	37
...	...	...	...

Relation 5: Ergebnis für Tupel 2

Relation 5 stellt das Ergebnis (*E*) bzw. das Ergebnistupel (*e*) des MD-Joins dar. Einzelne Vergleiche in der Bedingung θ mit der ALL-Ebene eines Attributs in B sind immer erfüllt.

Beispiel 3: Kreuztabelle

Darstellung der Umsätze pro Produkt und Filiale als Kreuztabelle für die Filialen 1 und 2. Die Bezugswerte-Relation besteht nur aus dem Attribut Produkt.

Nr.	Produkt
(1)	1
(2)	2
(3)	3

Relation 6: Bezugswerte (B)

$MD(MD(B, verkaeufe, SUM(Preis*Menge), \theta_1), verkaeufe, SUM(Preis*Menge), \theta_2)$

θ_1: B.Produkt = verkaeufe.Produkt *AND* B.Filiale = 1
θ_2: B.Produkt = verkaeufe.Produkt *AND* B.Filiale = 2

Nr.	Produkt	sum Preis Menge verkaeufe1
(1)	1	6
(2)	2	0
(3)	3	14

Relation 7: Innerer MD-Join

Nr.	Produkt	sum Preis Menge verkaeufe1	sum Preis Menge verkaeufe2
(1)	1	6	0
(2)	2	0	9
(3)	3	14	43

Relation 8: Äußerer MD-Join

Die Spalte *sum_Preis_Menge_verkaeufe1* entspricht Filiale 1, *sum_Preis_Menge_verkaeufe2* der Filiale 2.

Beispiel 4: Verschachtelter MD-Join

Wie viele Verkäufe wurden zum maximalen Produktpreis pro Produkt und Filiale durchgeführt?

Zur Auswertung der Abfrage muss zuerst der maximale Produktpreis pro Produkt und Filiale berecht werden. Anschließend die Anzahl der Verkäufe zu diesem Preis. Es handelt sich hierbei um eine verschachtelte Abfrage.

Die Bezugswerte-Relation enthält die gewünschten Gruppen, also die Verkäufe gruppiert nach Produkt und Filiale, wie in Relation 9 dargestellt.

MD(MD(B, verkaeufe, MAX(Preis), θ_1), verkaeufe, COUNT(*), θ_2)

θ_1: B.Produkt = verkaeufe.Produkt *AND* B.Filiale = verkaeufe.Filiale
θ_2: B.Produkt = verkaeufe.Produkt *AND* B.Filiale = verkaeufe.Filiale AND
verkaeufe.Preis = max_Preis_verkaeufe

Nr.	Produkt	Filiale
(1)	1	1
(2)	1	3
(3)	2	2
(4)	2	3
(5)	3	1
(6)	3	2

Relation 9: Bezugswerte (B)

Relation 10 und Relation 11 zeigen die Ergebnisse der einzelnen MD-Joins.

Nr.	Produkt	Filiale	max_Preis_verkaeufe
(1)	1	1	6
(2)	1	3	7
(3)	2	2	9
(4)	2	3	4
(5)	3	1	13
(6)	3	2	11

Relation 10: Innerer MD-Join

Nr.	Produkt	Filiale	count_max_Preis_verkaeufe_verkaeufe
(1)	1	1	1
(2)	1	3	1
(3)	2	2	1
(4)	2	3	1
(5)	3	1	1
(6)	3	2	1

Relation 11: Äußerer MD-Join

Wie die Beispiele gezeigt haben, erlaubt der MD-Join Operator die maximale Flexibilität bei der Definition der Gruppen und höchste Effizienz bei der Auswertung der Abfragen, da nur ein Durchlauf der Bezugswerte-Relation notwendig ist.

4.2 Verteilte Auswertung des MD-Joins[15]

Da das Ergebnis eines MD-Joins genauso jene Tupel enthält, wie die Bezugswerte-Relation lässt sich die Bezugswerte-Relation einfach fragmentieren $(B_1,..., B_m)$ und verteilt auswerten.

$$MD(B, R, l, \theta) = MD(B_1, R, l, \theta) \cup ... \cup MD(B_m, R, l, \theta)$$

Satz 2: Horizontale Fragmentierung der Bezugswerte-Relation

Die Verteilung kann auf viele verschiedene Arten geschehen, wie z.B.

- Verteilt auf mehrere Prozessoren
- Verteilt auf mehrere Rechner (Cluster)
- Verteilt auf mehrere logische Einheiten, wie
  - Data Marts
  - Data Warehouses

Wobei sich die Systeme der letzten beiden Punkte auch an verschiedenen Orten befinden können. Jede der oben genannten Systeme berechnet ihren Teil des MD-Joins lokal. Die Vereinigung der Teilergebnisse liefert das Gesamtergebnis.

---

[15] CAJK01

Beispiel 5: Verteilte MD-Join Auswertung

Beispiel 4 soll in jeder Filiale auf einem lokalen System ausgeführt werden. Die Verteilung erfolgt aufgrund der Filialnummer.

Nr.	Produkt	Filiale
(1)	1	1
(5)	3	1

Relation 12: Filiale 1

Nr.	Produkt	Filiale
(3)	2	2
(6)	3	2

Relation 13: Filiale 2

Nr.	Produkt	Filiale
(2)	1	3
(4)	2	3

Relation 14: Filiale 3

Relation 15 zeigt das Zwischenergebnis in Filiale 1. Relation 16 das Gesamtergebnis der einzelnen Filialen.

Nr.	Produkt	Filiale	max_Preis_verkaeufe
(1)	1	1	6
(5)	3	1	13

Relation 15: Zwischenergebnis Filiale 1

Nr.	Produkt	Filiale	count_max_Preis_verkaeufe_verkaeufe
(1)	1	1	1
(2)	1	3	1
(3)	2	2	1
(4)	2	3	1
(5)	3	1	1
(6)	3	2	1

Relation 16: Vereinigte Teilergebnisse

4.3   MD-Joins und Selektionen[16]

Satz 3 kann ebenfalls zur Optimierung der verteilten Auswertung von MD-Joins herangezogen werden. Bevor der MD-Join durchgeführt wird, kann die Detailrelation einer Vorauswahl (z.B. Einschränkung der Verkäufe auf eine bestimmte Periode) durch die Bedingung θ_2 unterzogen werden, welche den Aufwand für die Auswertung des MD-Joins erheblich vermindert (Anmerkung: Detailrelationen erreichen eine Größenordnung von einigen Gigabyte bis zu mehreren Terabyte, was eine entsprechend lange Auswertungszeit nach sich zieht).

$$MD(B, R, l, \theta_1 \text{ AND } \theta_2) = MD(B, \sigma_{\theta_2}(R), l, \theta_1)$$

Satz 3: MD-Joins und Selektionen (1)

Falls die Bezugswerte-Relation bereits eine Vorauswahl enthält, ist es zweckmäßig diese auch auf die Detailrelation zu übertragen. σ_i' enthält dieselbe Auswahl wie σ_i, aber bezogen auf

---

[16] CAJK01

die Detailrelation R. Dies ist z.B. bei abgeleiteter horizontaler Fragmentierung der Fall, wenn $\sigma_i'(R)$ ein solches Fragment darstellt.

$$MD(\sigma_i(B), B, R, l, \theta) = MD(\sigma_i(B), \sigma_i'(R), l, \theta_l)$$

Satz 4: MD-Joins und Selektionen (2)

Beispiel 6: MD-Join mit Vorauswahl

Beispiel 4 soll nur für das Produkt 1 durchgeführt werden.

Nr.	Produkt	Filiale
(1)	1	1
(2)	1	3

Relation 17: Auswahl der Bezugswerte

Nr.	Produkt	Filiale	Datum	Menge	Preis
(1)	1	1	31.03.2003	1	6
(6)	1	3	02.04.2003	6	5
(10)	1	3	02.04.2003	1	7

Relation 18: Vorauswahl der Detailrelation

Nr.	Produkt	Filiale	count_max_Preis_verkaeufe_verkaeufe
(1)	1	1	1
(2)	1	3	1

Relation 19: Ergebnis der Vorauswahl

4.4 Verschachtelung von MD-Joins[17]

Normalerweise benötigt jeder MD-Join einen Durchlauf der Bezugswerte-Relation. Bei sehr großen Datenmengen bzw. vielen verschachtelten MD-Joins werden diese Durchläufe sehr zeitintensiv. Aus den vorherigen Beispielen, insbesondere Beispiel 4, ist ersichtlich, dass verschachtelte MD-Joins voneinander unabhängig sind.

Im allgemeinen Fall lässt sich der verschachtelte MD-Join Operator als ein Vektor von Listen von Aggregatfunktionen $(l_1, l_2, ..., l_k)$ und einen Vektor von θ Bedingungen $(\theta_1, \theta_2, ..., \theta_k)$ wie in Satz 5 darstellen. Siehe dazu auch Beispiel 4.

$$MD(MD(MD(..., R, l_k, \theta_k), R, l_2, \theta_2), R, l_1, \theta_1) = MD(B, R, (l_1, l_2, ..., l_k), (\theta_1, \theta_2, ..., \theta_k))$$

Satz 5: Verschachtelung von MD-Joins

---

[17] CAJK01

14

Voraussetzung für den allgemeinen MD-Join (siehe Abschnitt 4.5), auch als Generalized MD-Join (GMDJ) bezeichnet, ist, dass

- die Bedingung des nachfolgenden MD-Joins keinen Bezug auf eine Spalte hat, die von einem vorherigen MD-Join erzeugt wurde
- die Detailrelation für alle MD-Joins gleich ist

4.4.1 Distributivität des MD-Joins

Satz 6 beinhaltet die Möglichkeit die Listen l_i bzw. Bedingungen θ_i zu vertauschen. Im Fall, dass θ_1 nur Attribute aus B und R_1 und θ_2 nur Attribute aus B und R_2 enthält, ergibt sich die Distributivität des MD-Joins. Siehe dazu auch Beispiel 4.

$$MD(MD(B, R_1, l_1, \theta_1), R_2, l_2, \theta_2) = MD(MD(B, R_2, l_2, \theta_2), R_1, l_1, \theta_1)$$

Satz 6: Distributivität des MD-Joins

4.4.2 MD-Join und Equi-Join

Da der MD-Join Operator die Bezugswerte-Relation nicht verändert, ist es möglich verschachtelte MD-Joins verteilt *schneller* auszuwerten.

$$MD(MD(B, R_1, l_1, \theta_1), R_2, l_2, \theta_2) = MD(B, R_1, l_1, \theta_1) \bowtie_B MD(B, R_2, l_2, \theta_2)$$

Satz 7: MD-Join und Equi-Join

Beispiel 7: Verteilte Auswertung des MD-Join

Beispiel 3 soll verteilt in Filiale 1 und 2 ausgeführt werden. Die Bezugswerte-Relationen, Relation 21 und Relation 23 sind lokale Fragmente, die in den Filialen gespeichert sind. Zuerst wird die Bezugswerte-Relation an beide Filialen gesendet.

Nr.	Produkt
(1)	1
(2)	2
(3)	3

Relation 20: Bezugswerte (B)

Filiale 1

MD(B, verkaeufe1, SUM(Preis*Menge), θ_1)
θ_1: B.Produkt = verkaeufe1.Produkt *AND* B.Filiale = 1

Nr.	Produkt	Filiale	Datum	Menge	Preis
(1)	1	1	31.03.2003	1	6
(5)	3	1	31.03.2003	1	1
(8)	3	1	03.04.2003	1	13

Relation 21: Verkäufe Filiale 1

Nr.	Produkt	sum_Preis_Menge_verkaeufe1
(1)	1	6
(2)	2	0
(3)	3	14

Relation 22: Ergebnis Filiale 1

Filiale 2

MD(B, verkaeufe2, SUM(Preis*Menge), θ_2)

θ_2: B.Produkt = verkaeufe2.Produkt *AND* B.Filiale = 2

Nr.	Produkt	Filiale	Datum	Menge	Preis
(3)	3	2	02.04.2003	2	5
(4)	2	2	03.04.2003	1	9
(7)	3	2	01.04.2003	3	11

Relation 23: Verkäufe Filiale 2

ID	Produkt	sum_Preis_Menge_verkaeufe2
(1)	1	0
(2)	2	9
(3)	3	43

Relation 24: Ergebnis Filiale 2

Die Einzelergebnisse der Filialen (Relation 22 und Relation 24) werden zurückgeschickt und liefern durch den Equi-Join auf die Attribute der Bezugswerte-Relation das Gesamtergebnis.

Nr.	Produkt	sum_Preis_Menge_verkaeufe1	sum_Preis_Menge_verkaeufe2
(1)	1	6	0
(2)	2	0	9
(3)	3	14	43

Relation 25: Gesamtergebnis

Equi-Joins eignen sich auch für das Zusammenfügen vertikaler Fragmente, die auf mehrere Data Warehouses oder Data-Marts verteilt sind.

4.5 Allgemeiner MD-Join[18]

Im Abschnitt 4.4 wurde bereits die allgemeine Schreibweise für verschachtelte MD-Joins vorgestellt. Der Vollständigkeit halber, wird jetzt die formale Definition nachgeholt.

---

[18] ABJLS02, Seite 339 f

Seien $B(\mathbf{B})$ und $R(\mathbf{R})$ Relationen, θ_i eine Bedingung, die sich auf Attribute in $\mathbf{B}$ und $\mathbf{R}$ bezieht, und l_i eine Liste von Aggregatfunktionen $(f_{i1}, f_{i2}, \ldots, f_{in})$ über die Attribute $c_{i1}, c_{i2}, \ldots, c_{in}$ in $\mathbf{R}$. Der MD-Join, $MD(B, R, (l_1, \ldots, l_m), (\theta_1, \ldots, \theta_m))$, entspricht einer Relation mit dem Schema $(\mathbf{B}, f_{11}\_R\_c_{11}, \ldots, f_{1n}\_R\_c_{1n}, \ldots f_{m1}\_R\_c_{m1}, \ldots, f_{mn}\_R\_c_{mn})$ Jedes Tupel $b \in B$ gehört zu einem Ergebnistupel e, sodass gilt

- $e[A] = b[A]$, für jedes Attribute $A \in \mathbf{B}$
- Der Wert des Attributs $f_{ij}\_R\_c_{ij}$ von Tupel e ist gegeben durch $e[f_{ij}\_R\_c_{ij}] = f_{ij} \left\{ \left\{ t \left[c_{ij} \right] \mid t \in RNG(b, R, \theta_i) \right\} \right\}$

Definition 3: GMD-Join

4.6 Verteilte GMD-Join Auswertung[19]

4.6.1 Skalla

Skalla ist ein Client/Server Architektur, welche aus lokalen Data Warehouses (Skalla Sites) und einem zentralen Koordinator (Skalla Coordinator) besteht. Pro Skalla Site ist ein Fragment der Faktrelation gespeichert.
Die verteilte Auswertung arbeitet nach folgendem Plan:

1. Jede Skalla Site führt einige Berechnungen durch, deren Ergebnisse an den Koordinator geschickt werden
2. Der Koordinator führt die lokalen Zwischenergebnisse zu einem globalen Gesamtergebnis zusammen

Die Kosten für die verteilte Auswertung bestehen daher aus der Berechnung der Aggregate und der Kommunikation der Zwischenergebnisse.

Bei der verteilten Auswertung ist zu beachten, dass aufbauend auf verteilt berechneten Aggregaten weitere Aggregate berechnet werden (siehe auch Anmerkung am Ende von Beispiel 8). Dies ist aber nur bei *distributiven* Aggregatfunktionen wie *COUNT, MIN, MAX,* und *SUM* möglich. *Algebraische* Aggregatfunktionen wie *AVG* müssen durch distributive Funktionen nachgebildet werden (z.B. *AVG* entspricht *SUM / COUNT*). Dabei können weitere Probleme wie z.B. eine *Division durch Null* auftreten.

```
GMDJDistribEval {
    erzeuge leeres X
    gebe X und B₀ an jede Site Sᵢ weiter

    an jeder Site Sᵢ in S_B {
        berechne X₀ an jeder Site lokal
        gebe das lokale X₀ an den Koordinator weiter
    }
    X₀ synchronisieren
```

---

[19] ABJLS02, Seite 341 ff

```
für jeden GMDJ MDₖ (k = 1 bis m) {
  gebe Xₖ₋₁ an jede Site Sᵢ in S_MDk weiter

  an jeder Site Sᵢ in S_MDk {
    berechne MDₖ(Xₖ₋₁, Rₖ, lₖ, k)
    gebe Xₖ an den Koordinator weiter
  }
  Xₖ synchronisieren
  }
}
```

Algorithmus 2: Verteilte GMD-Join Auswertung

Algorithmus 2 zeigt die Verteilte GMD-Join Auswertung in Skalla. Der Begriff „synchronisieren" meint das Zusammenfügen der lokalen Zwischenergebnisse zum globalen Gesamtergebnis.

Beispiel 8: Verteilte GMD-Join Auswertung

Beispiel 5 soll gemäß Algorithmus 2 in den Filialen verteilt ausgeführt werden. In den Filialen existieren folgende lokale Fragmente.

Nr.	Produkt	Filiale	Datum	Menge	Preis
(1)	1	1	31.03.2003	1	6
(5)	3	1	31.03.2003	1	1
(8)	3	1	03.04.2003	1	13

Relation 26: Verkäufe Filiale 1

Nr.	Produkt	Filiale	Datum	Menge	Preis
(3)	3	2	02.04.2003	2	5
(4)	2	2	03.04.2003	1	9
(7)	3	2	01.04.2003	3	11

Relation 27: Verkäufe Filiale 2

Nr.	Produkt	Filiale	Datum	Menge	Preis
(2)	2	3	01.04.2003	4	3
(6)	1	3	02.04.2003	6	5
(9)	2	3	31.03.2003	3	4
(10)	1	3	02.04.2003	1	7

Relation 28: Verkäufe Filiale 3

Der Koordinator erzeugt eine leere Ergebnis-Relation $X(\mathbf{X})$ (base-result structure) mit dem Schema $\mathbf{X}$ =(Produkt, Filiale, count_max_Preis_verkeufe_verkaeufe)

Nr.	Produkt	Filiale	count_max_Preis_verkeufe_verkaeufe

Relation 29: Leere Ergebnis-Relation X

Die Abfrage $B_0 = \pi_{Produkt,Filiale}(verkaeufe)$ und die Ergebnis-Relation X schickt der Koordinator an jede Filiale. Dort wird die Abfrage lokal ausgeführt und das Ergebnis als Bezugswerte-Relation an den Koordinator zurückgeschickt.

Nr.	Produkt	Filiale
(1)	1	1
(5)	3	1

Relation 30: Filiale 1

Nr.	Produkt	Filiale
(3)	2	2
(6)	3	2

Relation 31: Filiale 2

Nr.	Produkt	Filiale
(2)	1	3
(4)	2	3

Relation 32: Filiale 3

Der Koordinator synchronisiert die Teilergebnisse.

Nr.	Produkt	Filiale
(1)	1	1
(2)	1	3
(3)	2	2
(4)	2	3
(5)	3	1
(6)	3	2

Relation 33: Synchronisiertes Zwischenergebnis (X_0)

Die Abfolge von lokaler Berechnung und Synchronisation durch den Koordinator wird als Runde der verteilten Ausführung bezeichnet. Die Auswertung eines GMDJ Ausdrucks mit m GMDJ Operatoren benötigt $m+1$ Runden. X_k bezeichnet X nach der Berechnung des k-ten GMD-Joins. S_B entspricht der Menge an Sites. S_{MDk} enthält jene Sites, die an der k-ten Runde teilnehmen. Üblicherweise entspricht S_{MDk} dem S_k. R_k stellt die Detailrelation in Runde k dar. Aggregate, die lokal an den jeweiligen Sites berechnet werden, heißen Subaggregate. Jene, die der Koordinator berechnet, Superaggregate.

Pro GMDJ wird das synchronisierte Zwischenergebnis an die in der aktuellen Runde teilnehmenden Filialen weitergegeben. In den Filialen wird X_k berechnet.

Nr.	Produkt	Filiale	count max Preis verkaeufe	verkaeufe
(1)	1	1		1
(2)	1	3		0
(3)	2	2		0
(4)	2	3		0
(5)	3	1		1
(6)	3	2		0

Relation 34: X_k von Filiale 1

Nr.	Produkt	Filiale	count max Preis verkaeufe	verkaeufe
(1)	1	1		0
(2)	1	3		0
(3)	2	2		1
(4)	2	3		0
(5)	3	1		0
(6)	3	2		1

Relation 35: X_k von Filiale 2

Nr.	Produkt	Filiale	count max Preis verkaeufe verkaeufe
(1)	1	1	0
(2)	1	3	1
(3)	2	2	0
(4)	2	3	1
(5)	3	1	0
(6)	3	2	0

Relation 36: X_k von Filiale 3

Der Koordinator fügt die Teilergebnisse zum Gesamtergebnis unter der Verwendung der Schlüsselattribute (Produkt und Filiale) der Bezugswerte-Relation zusammen (synchronisieren).

Nr.	Produkt	Filiale	count max Preis verkaeufe verkaeufe
(1)	1	1	1
(2)	1	3	1
(3)	2	2	1
(4)	2	3	1
(5)	3	1	1
(6)	3	2	1

Relation 37: Ergebnis am Koordinator

Anmerkung: In diesem Fall sind die Teilergebnisse disjunkt. Im allgemeinen Fall berechnet der Koordinator die Anzahl der Verkäufe mit *SUM(COUNT(*))*. Angenommen Filiale 1 und 2 liefern bei Produkt 1, Filiale 1 als Anzahl 1, dann wäre das Gesamtergebnis am Koordinator natürlich 2.

Algorithmus 2 beruht auf folgendem Satz.

Seien $X(\mathbf{X}) - MD(B, R, (l_1, ..., l_m), (\theta_1, ..., \theta_m))$, wobei K die Schlüsselattribute von B sind. Seien $R_1, ..., R_n$ Fragmente von R; l'_j eine Liste von Subaggregaten und l''_j eine Liste von Superaggregaten in Bezug auf l_j. Sei $H = MD(B, R, (l'_1, ..., l'_m), (\theta_1, ..., \theta_m))$; i = 1 ... n. Sei $H = H_1 \sqcup ... \sqcup H_n$, wobei $\sqcup$ die mehrdimensionale Vereinigung darstellt. Dann ist X = $MD(B, R, (l''_1, ..., l''_m), \theta_k)$, wobei θ_k den Vergleich der Attribute in K enthält.

Satz 8: Verteilte GMDJ Ausführung

Zur effizienten Ausführung von Algorithmus 2 hält der Koordinator einen Index über die Attribute in K auf X. Die Zeit für die Synchronisation bewegt sich mit $O(|H|)$ im optimalen Bereich. Vorteilhaft ist auch die Tatsache, dass die lokalen Teilergebnisse voneinander unabhängig sind und dadurch nicht in einer bestimmten Reihenfolge vom Koordinator verarbeitet werden müssen. Dies ist besonders bei unterschiedlichem Netzwerkdurchsatz zu den Skalla Sites von Nutzen.

4.7 Kosten für die Übertragung

Die Besonderheit an Satz 9 ist, dass die maximal übertragene Datenmenge unabhängig von der Größe der Faktrelation ($|Q|$) ist. $|Q|$ hängt nur von der Bezugswerte-Relation und den berechneten Aggregaten ab.

Ein verteiltes Data Warehouse enthält n Sites. Die Größe des Ergebnisses einer Abfrage Q bestehend aus m GMDJ Operatoren wird mit $|Q|$ angegeben. s_0 sei die Anzahl der Sites, die an der Berechnung der Bezugswerte-Relation beteiligt sind; s_i die Anzahl jener Sites, die an der Auswertung des i-ten GMDJ Operator beteiligt sind. Unter diesen Bedingungen ist die

maximale übertragene Datenmenge auf $(\sum_{i=1}^{n}(2 * s_i * |Q|) + (s_0 * |Q|))$ begrenzt. $X_k \subseteq Q$ daher

ist die maximale Größe von X_k gleich $|Q|$.

Satz 9: Maximal übertragene Datenmenge

5 Optimierung verteilter OLAP-Abfragen[20]

Obwohl Algorithmus 2 sehr effizient arbeitet, können bei sehr großen Datenmengen Probleme mit der Performanz auftreten. Zur Leistungssteigerung bzw. optimalen Ausnutzung des vorhandenen Data Warehouses ist Abfrageoptimierung unerlässlich.

5.1 Reduktion unter Berücksichtigung der Fragmentierung

Wie in Abschnitt 4.2 angedeutet, lässt sich der Aufwand für die Auswertung von GMD-Joins durch gezielte Einschränkung der Tupel in der Detailrelation deutlich reduzieren.

Betrachten wir den GMDJ Ausdruck $Q = MD(B, R, (l_1, ..., l_m), (\theta_1, ...,\theta_m))$.
$R_1 \cup ... \cup R_n$ sind Fragmente der Detailrelation R. Für jedes R_i sei ϕ_i ein Prädikat, so dass für jedes $r \in R_i, \phi_i(r)$ wahr ist. $\phi_i(b) = \forall_r \phi_i(r) \Rightarrow (\theta_1 \vee ... \vee \theta_m)(b,r)$ und $RNG_i = RNG(b, R, \theta_1 \vee ... \vee \theta_m)$.

Daraus ergibt sich:
$$\sigma_{|RNG_i|>0}(MD(B, R_i, (l_1, ..., l_m), (\theta_1, ...,\theta_m))) =$$
$$\sigma_{|RNG_i|>0}(MD(\sigma_{\neg\psi_i}(B), R, (l_1, ..., l_m), (\theta_1, ...,\theta_m)))$$

Satz 10: Reduktion unter Berücksichtigung der Fragmentierung

Eine lokale Site berechnet $H_i = MD(B, R_i, (l'_1, ..., l'_m), (\theta_1, ...,\theta_m))$. Sei $\overline{B}_i = \{b \in B | \psi_i(b)\}$. Falls bekannt ist, dass $RNG(b, R, \theta)$ für jedes b leer ist, dann sagt Satz 10 aus, dass nur $B - \overline{B}_i$ an die Sites verschickt werden muss. Die Einschränkung der Detailrelation B erfolgt aufgrund der Bedingung $\neg\psi_i$.

Beispiel 9: Reduktion unter Berücksichtigung der Fragmentierung

Beispiel 4 soll aufgrund von Satz 10 verteilt auf die Filialen ausgeführt werden.

In Filiale 1 befinden sich nur Verkäufe bei denen das Attribut Filiale den Wert 1 hat. Daher ist $\psi_i(b)$ wahr, wenn *verkaeufe.Filiale* $\neq 1$. Daraus folgt, dass $\neg\psi_i(b)$ die Bedingung *verkaeufe.Filiale* = 1 darstellt. In Beispiel 5 wurde diese Tatsache bereits ausgenutzt. Relation 12 zeigt ein Fragment für Filiale 1. Für alle anderen Filialen wird genauso vorgegangen.

---

[20] ABJLS02, Seite 344 ff

5.2 Von der Fragmentierung unabhängige Reduktion

Betrachten wir den GMDJ Ausdruck $Q = MD(B, R, (l_1, ..., l_m), (\theta_1, ..., \theta_m))$)), wobei K die Schlüsselattribute von B sind. $R_1 \cup ... \cup R_n$ sind Fragmente der Detailrelation R. Seien $R_1, ..., R_n$ Fragmente von R; l'_j eine Liste von Subaggregaten und l''_j eine Liste von Superaggregaten in Bezug auf l_j.

So folgt: $MD(B, R, (l_1, ..., l_m), (\theta_1, ..., \theta_m)) = MD(B, \sigma_{|RNG_i|>0}(MD(B, R_1, (l'_1, ..., l'_m), (\theta_1, ..., \theta_m)))$ $\sqcup ... \sqcup \sigma_{|RNG_i|>0}(MD(B, R_n, (l'_1, ..., l'_m), (\theta_1, ..., \theta_m))), (l''_1, ..., l''_m), \theta_k))$, wobei $\sqcup$ die mehrdimensionale Vereinigung und θ_k die Prüfung auf Gleichheit über die Attribute in K darstellt.

Satz 11: Von der Fragmentierung unabhängige Reduktion

Satz 11 erweitert Satz 8 für die von der Fragmentierung unabhängige Reduktion. $H_1, H_2, ..., H_n$ sind die Teilergebnisse von den Sites. Satz 11 sagt aus, dass für die Synchronisation nur jene Tupel t relevant sind, die $|RNG(t, R_i, (\theta_1 \vee ... \vee \theta_m))| > 0$ erfüllen. Dazu wird ein zusätzliches Aggregat $l_{m+1} = COUNT(*)$ auf H_i berechnet, so dass $\theta_{m+1} = (\theta_1 \vee ... \vee \theta_m)$. Der einzige zusätzliche Aufwand ist die Berechnung des $COUNT(*)$ und die Selektion $COUNT(*) > 0$.

Beispiel 10: Von der Fragmentierung unabhängige Reduktion

Beispiel 8 soll aufgrund von Satz 11 optimiert werden. Das zusätzliche Aggregat $COUNT(*)$ wird in Filiale 1, wie in Relation 38 gezeigt, berechnet. Die Berechnung für die anderen Filialen erfolgt analog.

Nr.	Produkt	Filiale	count_max_Preis_verkaeufe_verkaeufe	COUNT(*)
(1)	1	1	1	1
(2)	1	3	0	0
(3)	2	2	0	0
(4)	2	3	0	0
(5)	3	1	1	1
(6)	3	2	0	0

Relation 38: X_k von Filiale 1

Nr.	Produkt	Filiale	count_max_Preis_verkaeufe_verkaeufe
(1)	1	1	1
(5)	3	1	1

Relation 39: Eingeschränktes X_k von Filiale 1

Nr.	Produkt	Filiale	count_max_Preis_verkaeufe_verkaeufe
(3)	2	2	1
(6)	3	2	1

Relation 40: Eingeschränktes X_k von Filiale 2

Nr.	Produkt	Filiale	count_max_Preis_verkaeufe_verkaeufe
(2)	1	3	1
(4)	2	3	1

Relation 41: Eingeschränktes X_k von Filiale 3

Unter der Voraussetzung, dass n Sites existieren und die Größe des GMD-Joins $|B|$ beträgt, werden $n * |B|$ Daten übertragen. Jede Site berechnet durchschnittlich aber nur $1/k$ Tupel. Durch die Reduktion wird die übertragene Gesamtdatenmenge auf $n/k * |B|$ beschränkt.

5.3 Reduktion des Aufwands für die Synchronisation

Folgende Vereinigung von zwei MD-Joins ist möglich, wenn sich die Bedingungen θ_{21}, $...,\theta_{2m}$ nicht auf Attribute beziehen, die von MD_1 berechnet werden.

$$MD_2(MD_1(B, R, (l_{11}, ..., l_{1l}), (\theta_{11}, ...,\theta_{1l})), R, (l_{11}, ..., l_{2m}), (\theta_{21}, ...,\theta_{2m})) =$$
$$MD(B, R, (l_{11}, ..., l_{1l}, l_{11}, ..., l_{2l}), (\theta_{11}, ...,\theta_{1m}, \theta_{21}, ...,\theta_{2m}))$$

Satz 12: Vereinigung von MD-Joins

Betrachten wir den GMDJ Ausdruck $Q = MD_2(MD_1(B, R, (l_{11}, ..., l_{1m}), (\theta_{11}, ...,\theta_{1m})), R, (l_{11}, ..., l_{2m}), (\theta_{21}, ...,\theta_{2m}))$. $R_1 \cup ... \cup R_n$ sind Fragmente der Detailrelation R. Für jedes R_i sei ϕ_i ein Prädikat, so dass für jedes $r \in R_i, \phi_i(r)$ wahr ist. $\phi_b^1(b) = \forall_r \phi_i(r) \Rightarrow (\theta_{11} \vee ... \vee \theta_{1l})(b, r)$, $\phi_b^2(b) = \forall_r \phi_i(r) \Rightarrow (\theta_{21} \vee ... \vee \theta_{2l})(b, r)$. Angenommen $\forall_j (j \neq i) \Rightarrow (\phi_j^1(b) \& \phi_j^2(b))$, dann braucht Site i Tupel b zwischen der Auswertung von MD_1 und MD_2 nicht synchronisieren.

Satz 13: Notwendigkeit der Synchronisation

Satz 13 sagt aus, dass es nicht notwendig ist ein Tupel b zu synchronisieren, wenn bekannt ist, dass nur Site i die Aggregate von Tupel b zwischen MD_1 und MD_2 berechnet.

Beispiel 11: Reduktion des Synchronisationsaufwands

Eine Synchronisation ist in Beispiel 10 eigentlich nicht notwendig, da jede Filiale nur Aggregate für ihr eigenes Fragment berechnet.

Ein Attribut A ist genau dann ein Fragment-Attribut, wenn

$$\forall_{i \neq j} \pi_A\left(\sigma_{\psi_i}(R)\right) \cap \pi_A\left(\sigma_{\psi_j}(R)\right) = \{ \}$$

Definition 4: Fragment-Attribut

Betrachten wir den GMDJ Ausdruck $Q = MD_2(MD_1(B, R, (l_{11}, ..., l_{1m}), (\theta_{11}, ...,\theta_{1m})), R, (l_{11}, ..., l_{2m}), (\theta_{21}, ...,\theta_{2m}))$. Wenn alle $(\theta_{11}, ...,\theta_{1m}, \theta_{21}, ...,\theta_{2m})$ $R.A = f(A)$ zur Folge haben, wobei $f(A)$ eine bijektive Funktion auf A und A ein Fragment-Attribut darstellen, dann kann MD_2 nach MD_1 ohne Synchronisation berechnet werden.

Satz 14: Vermeiden der Synchronisation

Durch die einfache Analyse von ϕ_i und θ können Abfragen erkannt werden, bei denen die Reduzierung des Synchronisationsaufwands möglich ist.

5.4 Performanzgewinn durch Reduktion

Durch entsprechende Optimierungsstrategien reduziert sich die Ausführungszeit bzw. die übertragene Datenmenge auf nahezu die Hälfte.

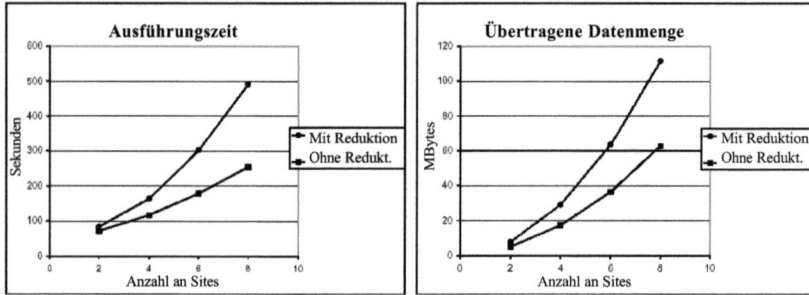

Abbildung 6: Performanzgewinn durch Reduktion

6 Abfragesprachen für OLAP

Um dem Data Warehouse mitzuteilen, welche Daten wie analysiert, berechnet und
zusammengefasst werden sollen sind Abfragesprachen notwendig. Sie sind also das Mittel
bzw. die Sprache, wie der Benutzer mit dem Data Warehouse in Kontakt tritt und seine
Abfragen ausdrückt.

Den Standard bei Abfragesprachen stellt SQL (Structured Query Language) dar, das von allen
kommerziellen DBMS unterstützt wird. Der folgende Abschnitt beschäftigt sich damit die
Semantik des vorgestellten MD-Join Operators in verschiedenen Abfragesprachen zu
formulieren.

6.1 Transformation von GMD-Joins in Standard SQL[21]

Abfragen, die GMD-Joins enthalten, können mittels Satz 1 in einfacher Art und Weise in SQL
umgewandelt werden. Ein Nachteil dieser Methode ist die Ineffizienz, der daraus
entstandenen SQL Abfrage.

$MD(B, R, (l_1, ..., l_m), (\theta_1, ...,\theta_m))$ kann mittels folgendem SQL Ausdruck ausgewertet
werden:

```
select    B, l₁', l₂', ... , lₙ', count(*)
from      B right outer join R
group by  B
```

l_i' ist eine Liste von Funktionen, so dass für jede Aggregatfunktion $f_i(A)$ in l_i eine
entsprechende Aggregatfunktion $f_i(case\ when\ (\theta_i\ and\ (A\ is\ not\ NULL))\ then\ A\ else\ init)$ in
l_i' existiert. Mit *init* wird der Initialwert der Aggregatfunktion bezeichnet (z.B. 0 für *SUM*).
Um sicherzustellen, dass alle Tupel erhalten bleiben, wird ein *COUNT(*)* angehängt.

Satz 15: Transformation von GMD-Joins in Standard SQL

Sei $B(\boldsymbol{B})$ die Bezugswerte-Relation und $R(\boldsymbol{R})$ die Detailrelation, C_i eine Bedingung in θ, $(f_i,$
$..., f_n)$ eine Liste von Aggregatfunktionen und W die Bedingung in der *WHERE* Klausel.
$MD(B, R, (l_1, ..., l_m), (\theta_1, ...,\theta_m))$. Genau dann, wenn $C_k \subseteq \theta_1 \cap ... \cap \theta_n$ von den
Aggregatfunktionen $(f_i, ..., f_n)$. Dann ist

```
select    B, f₁(case when ((Cₖ and C₁) and (A is not NULL))
              then A else init, ...,
          fₙ(case when ((Cₖ and Cₙ) and (A is not NULL))
              then A else init, count(*)
from      B right outer join R
where     W
group by  B
```

äquivalent zu

```
select    B, f₁(case when ((C₁) and (A is not NULL))
                then A else init, ...,
             fₙ(case when ((Cₙ) and (A is not NULL))
                then A else init, count(*)
from      B right outer join R
where     Cₖ and W
group by  B
```

Satz 16: Verschieben der θ_i Bedingungen in die *WHERE* Klausel

Um die Transformation zu vervollständigen, sind die θ_i Bedingungen in die *WHERE* Klausel zu verschieben, wie in Satz 16 gezeigt.

Beispiel 12: Transformation von GMD-Joins in Standard SQL

Beispiel 2 soll als SQL Abfrage formuliert werden.

$E = MD(B, R, SUM(Menge*Preis), \theta)$
θ : B.Produkt = R.Produkt *AND* B.Filiale = R.Filiale

```
select    Produkt, Filiale, SUM(case when (Menge is not NULL)
          and (Preis is not NULL) then Menge*Preis else 0)
from      B right outer join Verkaeufe
where     B.Produkt = Verkaeufe.Produkt AND
          B.Filiale = Verkaeufe.Filiale
group by  Produkt, Filiale
```

Verschachtelte GMD-Joins ergeben ebenfalls verschachtelte Outer-Joins in SQL. Zur weiteren Optimierung können die vorgestellten Verfahren aus Abschnitt 5 eingesetzt werden.

6.2   Extended Multi-Feature SQL[22]

Wie Beispiel 12 gezeigt hat, werden MD-Joins als SQL-Abfragen formuliert sehr schnell umfangreich und damit schwer verständlich. SQL erlaubt es nicht im Prinzip einfache Abfragen, welche Gruppierungen und Aggregatfunktionen enthalten, präzise zu formulieren. Insbesondere Verschachtelungen sind problematisch.

Extended Multi-Feature SQL (EMF-SQL) ist eine einfache und intuitive Erweiterung von SQL, um komplexe OLAP Abfragen zu formulieren. Die Grundidee dabei ist, die *GROUP BY* Klausel zu so erweitern, dass nur rele vante Tupel mit den entsprechenden Aggregaten im Abfrageergebnis enthalten sind. Abbildung 7 zeigt die Syntax einer EMF-SQL Abfrage.

```
select    B₁, ..., Bₖ, f₁(A₁), ..., fₙ(Aₙ)
from      T₁, ..., Tₚ
where     C₁, ..., Cⱼ
```

---

[22] JC99, Seite 170 ff

```
group by  B₁, ..., Bₖ; R₁, ... Rₘ,
such that S₁, ..., Sₘ
```

B_k ... Attribute der Basiswerte-Relation
f_n ... Aggregatfunktionen auf die Detailrelation
A_n ... Attribute der Detailrelation
C_j ... unabhängige θ Bedingungen
R_m ... Gruppenvariable
S_m ... θ Bedingungen die Gruppierungsvariablen betreffen

Abbildung 7: Syntax einer EMF-SQL Abfrage[23]

Die Formulierung der θ Bedingungen erfolgt einfach in der SUCH THAT Klausel. Die genaue Realisierung des Ausführungsplans bleibt dem DBMS überlassen, so dass eine entsprechende Optimierung möglich ist.

Beispiel 13: Einfache Abfrage

Beispiel 3 soll als EMF-SQL Abfrage formuliert werden.

```
select    Produkt, Filiale, SUM(f1.Preis*f1.Menge),
          SUM(f2.Preis*f2.Menge)
from      verkaeufe
group by  Produkt, Filiale; f1, f2
such that f1.Produkt = Produkt and f1.Filiale = 1,
          f2.Produkt = Produkt and f2.Filiale = 2
```

Beispiel 14: Verschachtelte Abfrage

Beispiel 4 soll als EMF-SQL Abfrage formuliert werden.

```
select    Produkt, Filiale, COUNT(MAX(v1.Preis*v1.Menge)),
from      verkaeufe
group by  Produkt, Filiale
such that [(v1.Produkt = Produkt and v1.Filiale = Filiale)
          group by v1.Produkt, v1.Filiale; v1]
having    Preis*Menge = MAX(v1.Preis*v1.Menge)
```

An Beispiel 14 wird der Vorteil von EMF-SQL schnell klar. Um diese Abfrage in SQL zu auszudrücken sind mehrere Joins bzw. Unterabfragen notwendig. Zwischenergebnisse von Unterabfragen müssen während der Auswertung im Speicher gehalten werden und belasten damit das Data Warehouse nur unnötig.

---

[23] RSC98, Seite 267

7 Zusammenfassung

Die fundamentalen Grundsätze des Data Warehousing sind aus Anwendungsgebieten in der Praxis, wie z.b. der Statistik, entstanden. Wie im ersten Abschnitt erläutert handelt es sich bei einem Data Warehouse nicht um ein fertiges Produkt. Vielmehr ist es ein komplexes Informationssystem, das von der Architektur her an die jeweils vorliegende Problemstellung anzupassen ist.

Die führenden Datenbank-Hersteller behaupten zwar umfassende Data Warehouse Lösungen anzubieten, die kommerziellen Produkte sind aber von den vorgestellten theoretischen Möglichkeiten noch weit entfernt. Leistungsfähige OLAP Abfragesprachen, wie in Abschnitt 6 vorgestellt sind nur Ansatzweise vorhanden.

Dringender Entwicklungsbedarf besteht noch in folgenden Punkten:[24]

- Modellierungswerkzeuge zur Unterstützung des Data Warehouse Entwurfs
- Veränderungen von Dimensionen (Temporale Aspekte)
- Aktualisierung Materialisierter Sichten
- Bezug zwischen multidimensionaler Modellierung und Geschäftsprozessmodellierung

---

[24] PR03

8 Anhang

8.1 Literatur und Quellen

[AB01]   M. O. Akinde, M. H. Böhlen: „Generalized MD-joins: Evaluation and
            reduction to SQL", In Databases in Telecommunications II, Seite 52–67, 2001.

[ABJLS02]   M. O. Akinde, M. H. Böhlen, T. Johnson, L. Lakshmanan, D. Srivastava:
            „Efficient OLAP Query Processing in Distributed Data Warehouses", In
            Extending Database Technology (EDBT), LNCS 2287, Seite 336–353, 2002.

[BCCFP01]   A. Bonifati, F. Cattaneo, S. Ceri, A. Fuggetta, S. Paraboschi: „Designing Data
            Marts for Data Warehouses" ACM Transactions on Software Engineering
            Methodology, 4/2001.

[CAJK01]   D. Chatziantoniou, M. O. Akinde, T. Johnson, S. Kim. „The MD-join: An
            operator for complex OLAP", In Proc. of the IEEE Int. Conf. on Data
            Engineering, 2001

[CD97]   S. Chaudhuri, U. Dayal: „An Overview of Data Warehousing and OLAP
            Technology",   ACM   SIGMOD,   März   1997
            http://www-courses.cs.uiuc.edu/~cs497jh/papers/chaudhuri97.pdf (10.04.2003)

[DATE00]   C. J. Date: "An Introduction to Database Systems", Seventh Edition, Addison-
            Wesley, 2000

[IBM98]   C. Bontempo, G. Zagelow: „The IBM Data Warehouse Architecture",
            Communications   of   the   ACM   September   1998/Vol.   41,   No.   9,
            http://janus.cs.utwente.nl/~keulen/onderwijs/dwdm/ibm_dw_architecture.pdf
            (16.04.2003)

[JC99]   T. Johnson, D. Chatziantoniou: „Extending Complex Ad-Hoc OLAP" In
            Proceedings of the ACM Conference on Information and Knowledge
            Management CIKM, Seite 170-179, 1999

[JO98]   K. Jones: „An introduction to data warehousing: What are the implications for
            the network?", International Journal of Network Management, Volume 8, 1998

[NB99]   A. Y. Noaman, K. Barker: „A Horizontal Fragmentation Algorithm for the Fact
            Relation in a Distributed Data Warehouse", CIKM 1999, Seite 154-161

[PR03]   G. Preuner: Folien Data Warehousing SS 2003

[RSC98]   K. Ross, D. Srivastava, D. Chatziantoniou: „Complex Aggregation at Multiple
            Granularities", In Extending Database Technology (EDBT), Valencia, Seite
            263–277, 1998.

[ZZTH00]   S. Zhou, A. Zhou, X. Tao, Y. Hu: „Hierarchically Distributed Data Warehouse", Proceedings of the Fourth International Conferende/Exhibition on High performance Computing in Asia-Pacific Region, 2000

8.2 Abbildungen

8.3 Beispiele

8.4 Definitionen

8.5 Sätze

8.6 Tabellen